LA FRANCE racontée aux enfants

Guillaume le Conquérant

LA petite BOÎTE

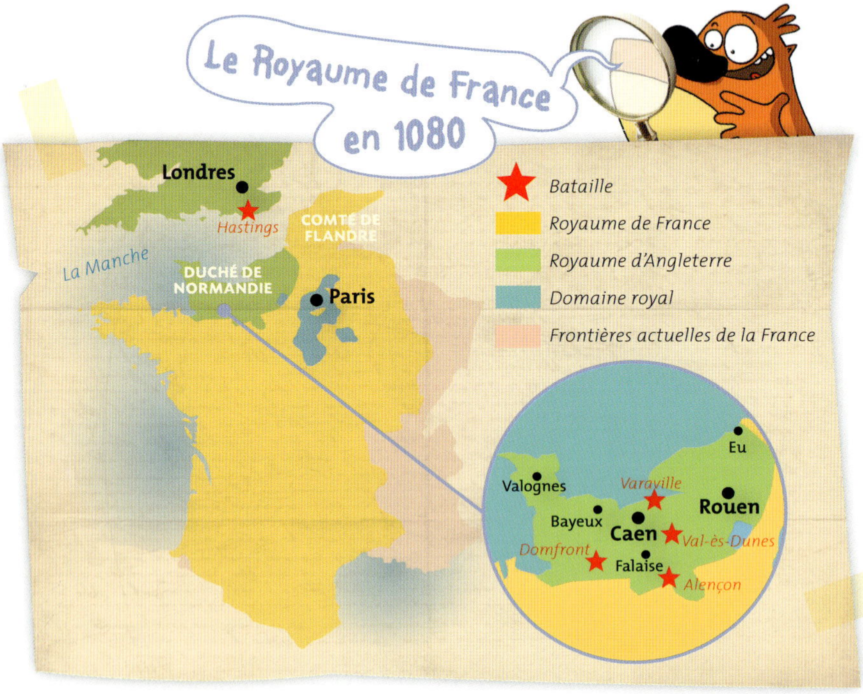

sommaire

CHAPITRE 1

CHAPITRE 2

CHAPITRE 3

À TOI DE JOUER !

L'ENFANCE DE GUILLAUME

Si Guillaume avait eu un frère, il ne serait jamais devenu duc de Normandie puis roi d'Angleterre ! Avant de connaître cet extraordinaire destin, il eut une enfance mouvementée...

Guillaume le Bâtard

Guillaume naît vers 1027 à Falaise, dans le Calvados. Son père est le duc de Normandie Robert le Magnifique. Il est le descendant du chef viking Rollon qui, en 911, reçoit le duché en échange de la fin des attaques de ces guerriers venus du Nord. Arlette, sa mère, est une jeune fille d'origine modeste. Robert et Arlette ne sont pas mariés et l'enfant est surnommé « le Bâtard ». En principe, il ne peut pas succéder à son père. Mais Robert décide d'en faire son héritier car c'est son seul fils.

Un héritage contesté

En 1035, Guillaume a 8 ans. Son père décide de partir en pèlerinage, mais avant de quitter la Normandie, il annonce aux seigneurs normands que Guillaume lui succédera quand il sera grand. Les seigneurs, eux, veulent en profiter pour s'emparer du duché de Normandie. Ils attaquent l'entourage de Guillaume et se battent entre eux. Guillaume doit s'enfuir. Pendant 10 ans, le duché est à feu et à sang !

Le château de Falaise, où est né Guillaume, existe toujours. Tu peux le visiter.

* Les mots surlignés sont expliqués page 24.

LA SOCIÉTÉ FÉODALE, C'EST QUOI ?

Au Moyen Âge, les chevaliers sont des guerriers issus de familles nobles. Ils combattent au service d'un seigneur plus puissant ou du roi. En échange, ils reçoivent une terre et d'autres avantages...

Une pyramide

La société féodale est comme une grande pyramide dont le sommet est le roi. Chaque seigneur est un vassal qui sert un seigneur plus puissant que lui : le suzerain.
Un seigneur peut donc être à la fois le vassal d'un suzerain et le suzerain d'autres vassaux. Pour les grands seigneurs qui dirigent de grands domaines comme le duché de Normandie, le suzerain, c'est le roi !

Un système d'échanges

Des liens très forts unissent suzerains et vassaux : lors de la cérémonie de l'hommage, le vassal jure obéissance et fidélité à son suzerain. Il s'engage à l'aider militairement et financièrement, à le conseiller loyalement.
En échange, il reçoit un domaine qu'il dirige, le fief, et bénéficie de la protection du suzerain. S'il ne respecte pas ses promesses, son fief lui est repris. Mais les seigneurs les plus puissants cherchent souvent à agrandir leur domaine et contestent même l'autorité du roi !

Harold a combattu avec courage aux côtés de Guillaume. Pour le remercier, Guillaume l'adoube et Harold lui jure fidélité.

Puissance et richesse

Depuis son château, le seigneur gouverne son fief. Il rend la justice, perçoit des impôts, exige des services, comme la corvée. Les plus puissants, comme les ducs de Normandie, ont aussi le droit de battre monnaie, de faire la guerre, de construire des châteaux... Un petit seigneur ne peut bâtir de château sans l'autorisation de son suzerain !

À 15 ans, Guillaume est fait chevalier au cours de la cérémonie de l'adoubement.

Comment devient-on chevalier ?

Le chevalier est issu d'une famille noble, suffisamment riche pour l'équiper, entre autres, d'un cheval ! Dès l'âge de 7 ans, il apprend le métier des armes. Vers 18 ans, parfois plus tôt comme pour Guillaume, a lieu la cérémonie de l'adoubement. Le jeune homme promet d'être bon, loyal, généreux et fidèle à l'Église, de ne combattre que pour des causes justes. Il reçoit alors ses armes : l'épée, bénie par un prêtre, le heaume (son casque), l'écu (son bouclier) et les étriers. Son parrain, un chevalier plus ancien, lui donne un coup violent sur la nuque. Ça y est : il est devenu chevalier !

CHAPITRE 2

GUILLAUME, DUC DE NORMANDIE

À bientôt 20 ans, Guillaume est prêt à régner sur la Normandie. Mais il va devoir combattre pour imposer son autorité aux seigneurs de la région, puis pour défendre son duché.

Course-poursuite

Une nuit de l'année 1046, Guillaume, menacé d'être assassiné, doit fuir le château de Valognes, dans la Manche, où il séjourne. Poursuivi par ses ennemis, il traverse une grande partie

de la Normandie. Il se réfugie à Falaise, la ville où il est né. Ouf ! Il peut désormais réunir ses partisans pour reconquérir son duché.

Enfin duc !

Pour combattre les seigneurs bas-normands, Guillaume fait appel à son suzerain, le roi de France Henri Ier. Avec son aide, il remporte la bataille de Val-ès-Dunes, près de Caen. Cette victoire lui permet d'établir la paix en Normandie. Le Bâtard a gagné : son autorité n'est plus contestée dans son duché. Elle ne va pas tarder à inquiéter ses voisins : le redoutable comte d'Anjou et... le roi !

Au Moyen Âge, l'épée est la principale arme du chevalier. Sa pointe sert à percer et sa lame, à trancher. L'épée est aussi utilisée pour assommer l'ennemi.

Des alliances habiles

Pour protéger son duché, Guillaume décide de s'allier avec le comte de Flandre, Baudouin V. Comment ? En épousant sa fille, Mathilde ! Le pape, qui ne voit pas cette alliance d'un bon œil, interdit le mariage mais Guillaume sait négocier et le mariage est célébré à Eu, vers 1050. En témoignage de réconciliation avec le pape, Guillaume fera édifier l'Abbaye-aux-Dames et l'Abbaye-aux-Hommes, à Caen.

L'Abbaye-aux-Dames et l'Abbaye-aux-Hommes, chefs-d'œuvre de l'architecture normande.

De forme conique, le heaume normand que portent les chevaliers de Guillaume est en acier. Il est muni d'un nasal, une languette de métal qui protège le nez.

Des combats victorieux

Le comte d'Anjou est bien décidé à annexer la Normandie. Mais, en 1052, Guillaume lui reprend Domfront et Alençon. En 1054, le roi de France, inquiet de la puissance normande, attaque à son tour le duché, au nord et au sud, mais Guillaume gagne les deux batailles ! Le roi s'allie alors au comte d'Anjou. Contre leur puissante armée, Guillaume ne dispose que de quelques centaines de chevaliers. Il va pourtant réussir à chasser les envahisseurs, prisonniers des marais de la Dives : la bataille de Varaville, en 1057, est un triomphe !

Un duché bien administré

Guillaume n'est pas seulement un habile chef de guerre ! Il organise son duché de façon à maintenir la paix. Ceux qui l'administrent sont payés mais ne reçoivent pas de terres. Il impose à ses vassaux l'ost, une sorte de service militaire. Il contrôle la nomination des évêques et des abbés. Il favorise aussi le développement de monastères qui deviennent des centres d'études célèbres. Dur avec les rebelles, Guillaume sait aussi être juste et généreux. Avec la paix vient la prospérité. La Normandie est riche : ce sera bien utile au moment de partir à la conquête de l'Angleterre !

L'imprimerie n'existe pas, la circulation des idées repose en grande partie sur le travail patient des moines copistes.

Cette pièce en argent porte un portrait de Guillaume. Les ducs de Normandie avaient le droit de battre monnaie.

Une puissante forteresse

Lorsque, en 1057, pillant tout sur leur passage, les troupes franco-angevines atteignent le nord de Caen, Guillaume comprend l'intérêt de fortifier la ville. Le lieu est idéal pour surveiller la région ! Vers 1060, il y fait construire une puissante forteresse, l'une des plus vastes d'Europe. Siège des assemblées solennelles, le château devient résidence du duc qui fera de Caen sa capitale.

Le rempart du château de Caen est modifié plusieurs fois au cours des siècles. Du temps de Guillaume, il y avait sans doute des créneaux à son sommet.

LES CHÂTEAUX AU MOYEN ÂGE

Au Moyen Âge, les châteaux ont principalement une fonction défensive : il s'agit de se protéger des attaques. Le confort passe après !

Du 9e au 11e siècle

Les premiers châteaux sont de simples tours carrées, en bois. Construits au sommet d'une butte de terre, ils permettent de surveiller les environs. Entourés d'une basse cour où se déroule la vie quotidienne et où se réfugient les villageois en cas d'attaque, ils sont protégés par une palissade et un fossé. On les appelle « châteaux à motte » ou « mottes féodales ».

La motte castrale de Grimbosq, en Cinglais. La tour est une structure légère isolée sur une motte, entourée de deux basses cours palissadées ; une pour le logis et les communs, l'autre pour l'étable.

Du 11e au 13e siècle

L'inconvénient du château en bois, c'est qu'on peut l'incendier ! On construit désormais en pierre : le donjon, où vit le seigneur et où il rend la justice, les murailles, renforcées de tours.

Du 13e au 14e siècle

Le donjon est souvent remplacé par un logis. Mais pour faire face aux nouvelles armes qui lancent des projectiles de plus en plus loin, le château est maintenant défendu par une double ou une triple enceinte !

Au 15e siècle

Après la guerre de Cent Ans, qui s'achève en 1453, les châteaux perdent peu à peu leur fonction militaire. À la fin du siècle, sous l'influence italienne, ils deviennent des palais élégants, à l'architecture délicate.

La construction du château de Caen débute en 1060. Mais son donjon n'est bâti que vers 1120 et ses deux tours rondes sont ajoutées vers 1210 : 150 ans de travaux !

CHAPITRE 3

À LA CONQUÊTE DE L'ANGLETERRE

À la mort du roi d'Angleterre, le comte Harold de Wessex s'empare de la couronne promise à Guillaume. Le duc de Normandie ne le voit pas de cet œil ! Avec son armée, il traverse la Manche et attaque Harold pour lui reprendre le royaume.

Deux rois pour un trône !

Le roi d'Angleterre, Édouard le Confesseur, n'a pas de fils. Il aurait promis la couronne à Guillaume, qui est son cousin. Et Harold, beau-frère du roi, aurait juré fidélité à Guillaume qui l'a tiré d'un mauvais pas. Mais, à la mort d'Édouard, en janvier 1066, Harold est proclamé roi. « Trahison ! », crie Guillaume. Qui dit vrai dans cette affaire ? On n'est sûr de rien... Toujours est-il que Guillaume est furieux et décide d'envahir l'Angleterre !

Cap sur l'Angleterre !

Pendant des mois, les Normands préparent la conquête de l'Angleterre. De toute la France, des seigneurs le rejoignent, dans l'espoir d'obtenir des terres anglaises. Environ 8 000 hommes et 3 000 chevaux sont prêts à traverser la mer sur plus de 700 bateaux. Quand les Normands débarquent, le 28 septembre 1066, le royaume de Harold est attaqué au nord par les Norvégiens. Une chance pour Guillaume !

Pour traverser la Manche, Guillaume fait construire des navires dans des chantiers navals installés sur les côtes. Le bois provient des forêts normandes. En 6 mois, la flotte est prête !

Le combat est proche !

Harold vient à peine de chasser les Norvégiens du nord de l'Angleterre quand il apprend que les Normands ont débarqué au sud. Il se précipite, espérant les vaincre par surprise. Mais des éclaireurs préviennent Guillaume. La situation est cependant difficile : les Normands sont coincés entre la mer et une colline qu'ils n'ont pas eu le temps de prendre avant l'arrivée des Anglais. Le 14 octobre au matin, les deux armées se font face.

Les Anglais et les Normands sont à peu près aussi nombreux. Côté anglais : 2 000 soldats professionnels et 6 000 paysans, dont des archers. Côté normand : 4 500 fantassins, 1 000 archers et 2 500 cavaliers.

La bataille de Hastings

Les Anglais sont retranchés sur la colline de Senlac, les Normands sont en contrebas. Il faut attaquer ! Guillaume lance ses archers à l'assaut, suivis des fantassins, puis des cavaliers, mais les Anglais tiennent bon. L'aile gauche de l'armée de Guillaume cède, c'est la fuite. Les Anglais, croyant avoir gagné, dévalent la colline. Erreur fatale ! Guillaume rassemble ses cavaliers, qui les encerclent et les massacrent. Sur l'ordre de Guillaume, l'aile droite fait semblant de fuir à son tour : les Anglais tombent dans le piège ! Les groupes de soldats anglais, isolés, sont massacrés les uns après les autres.

La victoire normande

À Hastings, la résistance des Anglais surprend Guillaume et rien ne se passe comme prévu. Pourtant, il remporte la victoire ! Il a su réagir rapidement et faire preuve de courage pour motiver ses troupes. Des qualités de chef ! Harold, lui aussi, était un grand chef. Lorsqu'il est tué, beaucoup de ses soldats prennent la fuite. À la fin de la journée, la victoire normande est totale. Guillaume le Bâtard est devenu Guillaume le Conquérant !

On dit que le roi Harold aurait été tué d'une flèche dans l'œil mais la Tapisserie de Bayeux (lire p. 16) le montre à terre, tué à coups d'épée.

Cette statue de Guillaume, qui se trouve à Falaise, a été réalisée au 19ᴱ siècle. Elle le représente en tenue de combat, lors de la bataille de Hastings.

Quelles armes les soldats ont-ils utilisées à Hastings ?

L'armée de Guillaume est bien équipée ! Pour se défendre, les soldats ont des casques, des cottes de mailles et des boucliers. Pour attaquer, les archers sont armés d'arcs et de flèches. Leur portée est limitée à 50 mètres environ et les flèches se brisent souvent sur les boucliers. Les fantassins normands sont munis de lances, d'épées et de masses, les Anglais portent des haches. Pas étonnant que les combats soient sanglants ! Seule l'armée normande a des cavaliers, ce qui lui donne une plus grande mobilité.

Roi d'Angleterre !

Guillaume est couronné en l'abbaye de Westminster, le jour de Noël 1066. Pour s'assurer le contrôle du royaume, il confisque les biens des nobles, divise les domaines et place des Normands à la tête de comtés où de nombreux châteaux sont construits. Des Normands remplacent les évêques et les abbés anglais. Ils bâtissent des églises et des abbayes dans le style normand. Dès 1070, des révoltes éclatent. Elles sont réprimées sans pitié. En 1086, afin de mieux faire rentrer l'impôt, Guillaume recense, comté par comté, les hommes, les terres, le bétail et les constructions. Rien ne lui échappe !

La fin de l'aventure

Pendant que Guillaume est en Angleterre, Mathilde dirige le duché. En 1083, elle est victime d'une épidémie de peste.
De retour en Normandie, Guillaume se bat encore contre le roi de France qui, en son absence, s'est emparé du Vexin normand.
À l'été 1087, il a un malaise pendant le combat, tombe de cheval et se blesse. Il meurt quelques jours plus tard.
Il est enterré à l'Abbaye-aux-Hommes, à Caen.

Plusieurs édifices anglais portent la marque du style roman importé de Normandie. Mais le principal héritage de la conquête, c'est la langue anglaise elle-même : des milliers de mots viennent du normand !

LA PREMIÈRE BD DE L'HISTOIRE

« Première bande dessinée de l'histoire », la Tapisserie de Bayeux raconte en 58 scènes la conquête de l'Angleterre. Un chef-d'œuvre unique, inscrit au Patrimoine mondial de l'humanité par l'Unesco.

Géant !

La Tapisserie conservée à Bayeux est une broderie, longue d'environ 70 mètres sur 50 centimètres de haut, réalisée à l'aiguille avec de la laine teintée sur une toile de lin. Les principaux épisodes de la conquête se succèdent dans l'ordre chronologique, commentés par un texte en latin, brodé lui aussi.

Un document pour les historiens

Réalisée au 11e siècle, sans doute à la demande d'Odon, évêque de Bayeux et demi-frère de Guillaume, elle est destinée à justifier la conquête aux yeux des Anglais. Elle la raconte donc du point de vue normand. Pour savoir ce qui s'est réellement passé, les historiens doivent aussi étudier d'autres témoignages.

Une véritable œuvre d'art

La Tapisserie de Bayeux est une véritable œuvre d'art. La composition des scènes, le tracé des chevaux, le choix des couleurs, les motifs imaginaires comme les animaux fabuleux ou les édifices fantastiques méritent qu'on prenne le temps de les observer. Ouvre l'œil !

La première scène de la Tapisserie représente le roi Édouard en compagnie de son beau-frère Harold. Le vieux roi le charge d'informer Guillaume qu'il sera son successeur.

À la tête de ses soldats, Guillaume embarque à bord de ses navires. Direction l'Angleterre !

Le texte latin dit : « Ici, des Anglais et des Français succombèrent dans le combat. » C'est l'une des scènes représentant la bataille de Hastings.

À TOI DE JOUER !

QUIZ !

1 **Avant d'être appelé « le Conquérant », Guillaume est surnommé :**

A Le Baron.
B Le Bâtard.
C Le Basset.

2 **Dans la société féodale, le suzerain est :**

A Supérieur au vassal.
B Égal au vassal.
C Inférieur au vassal.

3 **Un jeune homme devient chevalier quand :**

A Il est aussi fort que son parrain.
B Il est adoubé.
C Il connaît ses prières en latin.

4 **Mathilde est la fille :**

A Du comte d'Anjou.
B Du duc de Bretagne.
C Du comte de Flandre.

5 **Guillaume fait construire une gigantesque forteresse :**

A À Falaise.
B À Caen.
C À Bayeux.

6 **Qui monte sur le trône d'Angleterre à la mort d'Édouard le Confesseur ?**

A Guillaume de Normandie.
B Harold de Wessex.
C Baudouin de Flandre.

7 **La bataille de Hastings a lieu en :**

A 1026.
B 1166.
C 1066.

8 **Combien y a-t-il de soldats dans chaque camp, à la bataille de Hastings ?**

A Environ 10 000.
B Environ 8 000.
C Environ 5 000.

9 **Pour gouverner l'Angleterre, Guillaume s'appuie :**

A Principalement sur des Normands.
B Principalement sur des Anglais.
C Sur autant de Normands que d'Anglais.

10 **La broderie qui raconte la conquête de l'Angleterre est :**

A La Tapisserie de Lisieux.
B La Tapisserie de Bayeux.
C La Tapisserie des Beaux Yeux.

SOLUTIONS : voir page 24.

ÉNIGMES

À la conquête de l'Angleterre !

JEU 1

Voici deux inscriptions de la Tapisserie de Bayeux, traduites en français. **POUR LES DÉCHIFFRER**, raye des textes les syllabes latines **AE** et **ORUM**.

Iaeci lorume
daeuorumc
gaeuiaellaorumume
aetrorumavorumersa
laea maeer sorumur
unae gorumraaend
vaisaeseorumau.

Iorumci laee rorumoi
aehaorumrolaed eaest torumué
etae lorumes aaenorumglaeais
porumriaerent laea forumuitaee.

JEU 2

Trouve **7 DIFFÉRENCES** entre ces deux soldats normands !

SOLUTIONS : voir page 24.

JEU 3

Beaucoup de mots de la langue anglaise d'aujourd'hui sont d'origine normande. RELIE CHAQUE MOT anglais à un mot normand et à sa traduction en français :

Castle	*Pouquette*	*Jardin*
Pocket	*Roque*	*Crochet*
Cherry	*Croquet*	*Chandelle*
Garden	*Candelle*	*Château*
Rock	*Gardin*	*Cerise*
Candle	*Cherise*	*Poche*
Crocket	*Castel*	*Roche*

JEU 4

Pour connaître la tactique de Guillaume à la bataille de Hastings, DÉCHIFFRE CE RÉBUS :

JEU 5

Pour faire apparaître LE MOT-MYSTÈRE, remplis la grille selon les définitions suivantes :

1. J'ai été roi d'Angleterre juste avant Guillaume.
2. Je suis l'épouse de Guillaume.
3. Je suis le territoire dont Harold est le comte.
4. Je suis le premier surnom de Guillaume.
5. Je suis le roi de France, tantôt allié, tantôt ennemi de Guillaume.
6. Je suis le surnom sous lequel on connaît Guillaume aujourd'hui.
7. Je suis le héros de la conquête de l'Angleterre.
8. Je suis la ville natale de Guillaume.

TEST !

Aux côtés de Guillaume, quel rôle aurais-tu joué ?

Si tu avais accompagné Guillaume à la conquête de l'Angleterre, aurais-tu été un courageux chevalier prêt à sortir son épée, le prudent pilote d'un navire ou l'un des éclaireurs capables de le renseigner ?

Fais ce test pour le savoir !

Compte le nombre de réponses A, B et C que tu as obtenu.

SOLUTIONS : voir page 24.

1 Tu dois faire un exposé avec des camarades.

A Tu as immédiatement l'idée d'un sujet.

B Tu organises le travail de l'équipe.

C Tu te charges de trouver les informations nécessaires.

2 Tu préfères les films :

B D'aventures.

C D'espionnage.

A De cape et d'épée.

3 En vacances avec tes cousins et cousines à la campagne :

B Tu organises une balade.

A Tu les défies à la course.

C Tu organises un jeu de piste.

4 Quand tu joues à un jeu de société :

C Tu te débrouilles pour connaître le jeu de tes adversaires.

B Tu réfléchis avec soin avant chaque coup.

A Tu adores tenter des coups de bluff.

5 **Dans la cour de l'école, deux camarades se disputent :**

- **B** Tu essaies de les réconcilier.
- **A** Tu voles au secours du plus faible.
- **C** Tu essaies de comprendre pourquoi ils se disputent.

6 **Selon toi, quel défaut peut être aussi une qualité ?**

- **C** La curiosité.
- **A** La témérité.
- **B** La lenteur.

7 **Si tu étais un animal, tu serais :**

- **A** Un lion.
- **C** Un renard.
- **B** Un écureuil.

8 **Lequel de ces sports te conviendrait le mieux ?**

- **B** Le judo : on s'appuie sur la force de son adversaire pour le terrasser !
- **A** L'équitation : galoper à perdre haleine, c'est génial !
- **C** La chasse : pas pour tuer le gibier mais pour le dénicher !

9 **Choisis ta devise :**

- **A** « À cœur vaillant, rien d'impossible ! »
- **B** « Patience et longueur de temps font plus que force ni que rage. »
- **C** « Un homme averti en vaut deux. »

10 **En balade, tu ne pars jamais sans :**

- **B** Une boussole.
- **A** Un ballon.
- **C** Un appareil photo.

SOLUTIONS DU QUIZ

1B – 2A – 3B – 4C – 5B – 6B – 7C – 8B – 9A – 10B.

SOLUTIONS DU TEST

Si tu as plus de A : Tu aurais pu être l'un des chevaliers de Guillaume ! Plein(e) de force et de vivacité, tu as besoin de te dépenser, tu aimes l'aventure et la bagarre ne te fait pas peur. À condition de gagner, bien sûr ! Attention quand même à ne pas foncer tête baissée !

Si tu as plus de B : Tu aurais été capable d'amener les soldats normands à bon port, même en cas de tempête ! Réfléchi(e) et patient(e), tu sais tourner les obstacles à ton avantage et tu as le sens du travail d'équipe. Excellent, mais il faut parfois brusquer un peu les choses !

Si tu as plus de C : Tu aurais su fournir à Guillaume les informations dont il avait besoin pour vaincre ! Curieux (se), attentif (ve) à ce qui t'entoure, tu aimes savoir et comprendre. C'est super ! Attention tout de même à vérifier tes informations avant de les dévoiler !

SOLUTIONS DES JEUX

JEU 1 : Ici le duc Guillaume traversa la mer sur un grand vaisseau. Ici le roi Harold est tué et les Anglais prirent la fuite. **JEU 2 :** Boulon sur le casque, trait blanc sur la tunique, 3 traits au lieu de 2 sur le col, cerné dans le bouclier, corne du dragon, bout d'épée arrondi, lanière de la chaussure droite. **JEU 3 :** Castle/Castel/Château – Pocket/Pouquette/Poche – Cherry/Cherise/Cerise – Garden/Gardin/Jardin – Rock/Roque/Roche – Candle/Candelle/Chandelle – Crocket/Croquet/Crochet. **JEU 4 :** Faire semblant de fuir (Fer – sang – blanc – 2 – fût – IR). **JEU 5 :** Hastings (Harold – Mathilde – Wessex – Bâtard – Henri – Conquérant – Guillaume – Falaise).

Abbé (ici) : religieux dirigeant une abbaye.

Adouber : armer chevalier un jeune homme au cours d'une cérémonie.

Bâtard (ici) : né de parents non mariés.

Battre monnaie : fabriquer les pièces de monnaie.

Comté : territoire placé sous l'autorité d'un comte.

Duché : territoire placé sous l'autorité d'un duc.

Éclaireur (ici) : soldat chargé de collecter des renseignements.

Évêque : religieux dirigeant un territoire appelé diocèse.

Fantassin : soldat à pied.

Pape : chef de l'Église.

Partisan : personne qui défend les idées d'une autre personne, ou d'un groupe.

Pèlerinage : voyage vers un lieu saint, ici Jérusalem.

Recenser (ici) : faire le compte.

Retrancher (se) : se protéger en se mettant à l'abri.

CRÉDITS PHOTOS

COUVERTURE : Détail de la Tapisserie de Bayeux/XIe siècle. Avec l'autorisation spéciale de la Ville de Bayeux. **PAGE 5 :** Château de Falaise © J.-P. Nivet / Ville de Falaise - **PAGE 6 :** Détail de la Tapisserie de Bayeux/XIe siècle. Avec l'autorisation spéciale de la Ville de Bayeux. - **PAGE 7 :** Adoubement © F. Dion / Ville de Falaise - **PAGE 8 :** Guillaume Duc © F. Dion / Ville de Falaise - **PAGE 9 :** Mariage © Office du tourisme d'Eu ; Abbayes de Caen © Guichard / Office du tourisme de Caen ; Reconstitution © H. Mourreau / Hag'Dik - **PAGE 10 :** Enluminure © DR ; Monnaie © Y. Deslandes / Musée départemental des Antiquités ; Château de Caen © Guichard / Office du tourisme de Caen - **PAGE 11 :** Maquette motte castrale © Musée de Normandie ; Château de Caen © Guichard / Office du tourisme de Caen - **PAGE 12 :** Détail de la Tapisserie de Bayeux/XIe siècle. Avec l'autorisation spéciale de la Ville de Bayeux. - **PAGE 13 :** Reconstitutions © H. Mourreau / Hag'Dik - **PAGE 14 :** Détail de la Tapisserie de Bayeux/XIe siècle. Avec l'autorisation spéciale de la Ville de Bayeux ; statue équestre © Ville de Falaise - **PAGES 16-17 :** Détails de la Tapisserie de Bayeux/XIe siècle. Avec l'autorisation spéciale de la Ville de Bayeux.

Directeur : Jean-Benoît Durand.
Textes : Jean-Benoît Durand, Nathalie Lescaille et Estelle Vidard. Correction : Claire Petit.
Direction artistique, maquette et iconographie : Gaëlle Queval, Delphine Chevalier.
Illustrations : Laurent Lolmède, Sandrine Lemoult (mascotte), Jean-François Gehenne (couverture).

2016, Éditions La Petite Boîte
www.lapetiteboite-edition.fr
31, rue Eustache de la Querière - 76100 Rouen

ISBN 978-2-36152-147-9
Loi 49-956 du 16 juillet 1949 sur les publications destinées à la jeunesse.

Dépôt légal 1re édition : mars 2016.
Imprimé en Turquie par Ömür Printing.

Déjà paru dans la collection

LA FRANCE racontée aux enfants

HISTOIRE
- Menhirs et dolmens de Bretagne
- La Vie au temps des Romains (Normandie)
- Les Romains en Provence
- Les Romains en Lorraine
- Tes ancêtres les Vikings (Normandie)
- À la rencontre des cathares
- Les Ducs de Bourbon, quelle histoire ! (Auvergne)
- La Grande Aventure des corsaires bretons
- Aux armes, citoyens !
- Paris au temps de Napoléon Bonaparte
- Le *Titanic*, de Cherbourg au naufrage
- La Première Guerre mondiale et les batailles de l'Artois
- La Bataille de Verdun et la Première Guerre mondiale
- La Ligne Maginot et la Seconde Guerre mondiale
- L'Histoire du Débarquement
- La Bataille de Normandie
- La Résistance
- La Guerre de Cent Ans

NATURE
- À la découverte du mont Blanc
- Au fil de la Seine normande
- Stalactites et stalagmites (Périgord)
- Les Volcans d'Auvergne
- Les Dinosaures (Normandie)
- Plantes et animaux des Alpes
- Les Animaux des côtes bretonnes
- Les Chevaux (Normandie)
- Tout sur la cigogne ! (Alsace)
- Bienvenue chez les crocos !
- Au pays des reptiles
- À l'aise, la charolaise !
- Quelle vache, la salers !
- Tout sur la vache normande !
- Dans les coulisses du zoo de Cerza
- Les Secrets de Belle-Île-en-Mer
- Cap sur l'île de Ré

SITES ET MONUMENTS
- Les Mystères de Lascaux
- Le Roc-aux-Sorciers
- Le Gouffre de Padirac
- La Roque Saint-Christophe
- Le Pont du Gard
- Il était une fois... Les Baux-de-Provence
- Les Secrets du Mont-Saint-Michel
- Château-Gaillard et Richard Cœur de Lion
- L'Abbaye de Montivilliers
- Les Secrets de la basilique de Vézelay
- L'Abbaye Saint-Georges de Boscherville
- Les Mystères de la cathédrale de Rouen
- Le Château de Robert le Diable
- La Cathédrale de Bayeux
- Le Château de Castelnaud au Moyen Âge
- Les Mystères de Rocamadour
- Le Domaine d'Harcourt
- Le Château du Haut-Kœnigsbourg
- Les Secrets du palais des Papes
- Il était une fois... les Hospices de Beaune
- Les Châteaux de la Loire
- Les Mystères de Chenonceau
- Le Château royal de Blois
- Les Fortifications Vauban
- Les Secrets des beffrois (Nord Pas-de-Calais)
- Il était une fois... la tour Eiffel
- Le Château de Vascœuil
- Le Gros-Horloge de Rouen
- Les Secrets des Roches de Solutré, Pouilly et Vergisson
- Les Trésors du Parc national du Mercantour

SPORT
- Au pays du rugby (Sud-Ouest)
- Le Ski, quelle aventure ! (Alpes)

PERSONNAGES
- Vercingétorix
- Guillaume le Conquérant (Normandie)
- L'Histoire de Jeanne d'Arc (Normandie)
- Jeanne d'Arc la petite Lorraine
- À la rencontre de François Ier
- Léonard de Vinci
- Monet et les impressionnistes

VILLES
- Les Secrets de Dieppe
- Les Mystères de Rouen au Moyen Âge
- Parthenay au Moyen Âge
- Provins au Moyen Âge
- Cap sur Étretat !
- Le Havre : une architecture audacieuse
- Thouars, quelle histoire !
- Il était une fois... Châlons-en Champagne

SAVOIR-FAIRE ET TRADITIONS
- Les Traditions d'Alsace
- Les Climats de Bourgogne, une mosaïque de vignes
- La Bretagne, terre de légendes
- Les Grands Navigateurs bretons
- Le Fer, quelle histoire ! (Lorraine)
- Au cœur des mines de charbon (Nord Pas-de-Calais)
- Les Bateaux de Normandie
- La Grande Aventure des terre-neuvas
- Tes légendes de Normandie
- Paysans en 1900 (Poitou-Charentes)
- La Grande Aventure des compagnons (Val de Loire)
- La Magie du verre dans les Vosges du Nord
- La Musique mécanique
- De la bauxite à l'aluminium
- À la découverte du salin d'Aigues-Mortes

RÉGIONS
- Bienvenue en Franche-Comté !
- Bienvenue en Auvergne !
- Bienvenue en Normandie !
- Bienvenue en Alsace !

RECETTES
- Tes 1res recettes des Alpes
- Tes 1res recettes alsaciennes
- Tes 1res recettes auvergnates
- Tes 1res recettes bourguignonnes
- Tes 1res recettes bretonnes
- Tes 1res recettes ch'tis
- Tes 1res recettes lorraines
- Tes 1res recettes normandes, vol. 1
- Tes 1res recettes normandes, vol. 2
- Tes 1res recettes du Languedoc-Roussillon
- Tes 1res recettes périgourdines
- Tes 1res recettes du Poitou-Charentes
- Tes 1res recettes provençales
- Tes 1res recettes du Sud-Ouest
- Tes 1res recettes du Val de Loire

JEUX DES 7 FAMILLES
Régions de France
- Les Trésors des Alpes
- Les Trésors de l'Alsace
- Les Trésors de l'Auvergne
- Les Trésors de la Bourgogne
- Les Trésors de la Bretagne
- Les Légendes bretonnes
- Les Trésors du Languedoc-Roussillon
- Le Nord et ses trésors
- Les Trésors de la Normandie
- Les Trésors de Paris
- Les Trésors du Périgord
- Les Trésors de la Provence
- Les Trésors du Sud-Ouest
- Les Trésors du Val de Loire
- Les Trésors de la Vendée

Thématiques
- La Préhistoire
- Le Moyen Âge
- La Renaissance
- La Révolution française
- La Première Guerre mondiale
- La Seconde Guerre mondiale
- Les Volcans
- Le Gouffre de Padirac et ses explorateurs
- Claude Monet et Giverny
- Les Trésors du Mont-Saint-Michel
- Les Grottes

POSTERS COLORIAGES
- L'Alsace
- L'Auvergne
- La Bourgogne
- Le Nord
- La Normandie

LIVRE-COCOTTES
- Les Rois de France

Pour en savoir plus :

WWW.LAPETITEBOITE-EDITION.FR

LA petite BOÎTE